VENTE
Des 26 et 27 Novembre 1913

HOTEL DROUOT, SALLE N° 10

A 2 HEURES 1/2

❧

VENTE APRÈS DÉCÈS

BIJOUX

ARGENTERIE

FOURRURES

MEUBLES

❧ ❧ ❧

COMMISSAIRE-PRISEUR

M· VIVAREZ

8, rue de la Victoire

EXPERTS

MM. BRANDICOURT & BOURDIER

144, Rue de Courcelles

CATALOGUE

DES

BIJOUX

Collier, Aigrette, Croissant, Boucles-d'oreilles, Broches, Bagues,
Bracelets, etc.., ornés de brillants, de perles fines, saphirs, etc...

ARGENTERIE

Jardinières, Flacons, Petits objets, etc..,
Cuvette et son pot à eau d'Epoque Louis XVI.

FOURRURES

Mantelet, Collet, Cravates, Étoles en zibeline, Parure en chinchilla.

ÉTOFFES des XVIIe et XVIIIe Siècles, etc...

PORCELAINES

OBJETS d'Art et MEUBLES Anciens et Modernes

DONT LA VENTE AURA LIEU

Pour cause de Décès de Madame L...

HOTEL DROUOT, SALLE N° 10

Les MERCREDI 26 et JEUDI 27 NOVEMBRE 1913,
à 2 heures 1/2.

COMMISSAIRE-PRISEUR	EXPERTS
Me VIVAREZ	MM. BRANDICOURT & BOURDIER
8, Rue de la Victoire, 8	114, Rue de Courcelles, 114

EXPOSITION PUBLIQUE

Le Mardi 25 Novembre 1913, de 2 heures à 6 heures.

CONDITIONS DE LA VENTE

Elle sera faite *au comptant*.

Les adjudicataires paieront *dix pour cent* en plus du prix d'adjudication.

MM. Brandicourt et Bourdier se chargent, aux conditions habituelles, des commissions que les personnes ne pouvant assister à la vente, voudraient bien leur confier.

DÉSIGNATION

BIJOUX

1 — Bague, une perle.

2 — Collier composé de cinq églantines, ornées de brillants et roses.

3 — Aigrette, ornée de vingt-trois brillants.

4 — Croissant orné de sept brillants et petits brillants.

5 — Epingle à cheveux surmontée d'une améthyste, motifs en brillants.

6 — Epingle à cheveux, motifs en roses.

7 — Broche nœud, trois anneaux brillants.

8 — Broche nœud Louis XVI, ornée de brillants.

9 — Broche feuille de chêne, perles fines et roses.

10 — Broche, perles fines et roses.

11 — Agrafe de montre, chiffres et brillants.

12 — Deux petites broches rondes, ornées de roses.

13 — Montre de dame avec son agrafe, parée de roses.

14 — Paire de boucles d'oreilles, deux brillants.

15 — Paire de boucles d'oreilles, deux perles fines.

16 — Bague, un brillant.

17 — Bague, un brillant long.

18 — Deux saphirs.

19 — Bague, trois brillants.

20 — Bague émail noir, cinq petits brillants.

21 — Bague marquise, un œil de chat, entourage brillants.

22 — Bracelet, vingt brillants, seize rubis.

23 — Bracelet, vingt brillants, turquoises.

24 — Bracelet en or, émaillé, orné d'un brillant.

25 — Bracelet, serpent, en or.

26 — Bracelet, rubis cabochons et roses.

27 — Médaillon or, sujet en émail.

28 — Médaillon carré, chiffres en roses.

29 — Bonbonnière ronde en vermeil.

30 — Bonbonnière ronde en vermeil.

31 — Paire de boucles d'oreilles, têtes d'oiseaux.

32 — Sautoir corail.

33 — Collier corail et un fil boules corail.

34 — Broche croix, en roses.

35 — Montre de dame en or.

36 — Breloque émail vert.

37 — Porte crayon en or.

38 — Paire de boutons de manchettes en or et roses.

39 — Bracelet gourmette, perles grises et brillants.

40 — Flacon à sels, un saphir cabochon et brillants.

TABLEAUX & GRAVURES

ÉCOLE FRANÇAISE

41 — La Tragédie et la Comédie, deux petites toiles se faisant pendants.

ÉCOLE FLAMANDE

42 — Scène de ferme.

GRAVURES

43 — Réflexion ou Clarissa Harlow. Épreuve imprimée en sanguine.

44 — La Lanterne Magique. Épreuve imprimée en noir.

44 *bis* — Scène rustique, épreuve en large, imprimée en noir.

45 — Pastel, portrait d'enfant, par MADELEINE LEMAIRE.

45 *bis* — Pastel, portrait de femme, par LEE ROBBINS.

ARGENTERIE

46 — Flacon à sels garni vermeil, quatre cendriers (cartes à jouer), montures argent.

47 — Paire de porte-bouquets.

48 — Porte-bouquet, un flacon à sels.

49 — Porte-bouquet, un encrier Empire, une loupe.

50 — Deux flacons à liqueurs.

51 — Jardinière argent doré, une bonbonnière argent doré, un petit vase argent.

52 — Deux bols.

53 — Deux porte-bouquets.

54 — Vide-poche, un coffret, un vase.

55 — Deux porte-bouquets, une bonbonnière.

56 — Trois cadres à photographie.

57 — Bourse.

58 — Couvert à salade.

59 — Pèse-lettres, un cendrier, un petit vide-poche.

60 — Douze petites cuillères et une pince à sucre en vermeil.

61 — Deux vide-poche, deux éperons, une salière, un porte-mine.

62 — Flacon d'odeur, deux petites cuillères.

63 — Grande jardinière.

64 — Grand cadre, un porte-allumettes, un cendrier.

65 — Bonbonnière, deux cendriers vermeil, deux cendriers argent.

66 — Bonbonnière vermeil, une bonbonnière argent, un panier.

67 — Sac de dame.

68 — Porte-flacons.

69 — Deux petites jardinières, un verre.

70 — Deux flacons de toilette.

71 — Bonbonnière verre et argent, un bougeoir de bureau, un flacon à sels.

72 — Loupe, un petit cadre, un allume-cigarettes, deux cendriers.

73 — Verre à liqueur, une passoire à thé, trois
cuillères.

74 — Cuvette et son pot à eau, époque Louis XVI.

75 — Plaquette, un porte-cigarettes en pinces, une
petite boîte à poudre, une petite glace, deux
tubes, un porte-reliques.

76 — Boîte à allumettes.

MÉTAL

77 — Seau à glace.

78 — Quatre bouts de table, à deux lumières.

79 — Lampe, deux flambeaux bas.

80 — Quatre flambeaux bas, cannelés.

81 — Trois poivriers, une salière (cygne) quatre
porte-verres.

82 — Porte-bouquet verre, monture métal, une
corbeille, une corbeille (vannerie), une petite
passoire.

83 — Petit réchaud, un porte-bouquet, un gobelet
à cocktail, une petite bouillotte, une boîte à thé.

84 — Beurrier, huit pinces à asperges, un porte-
allumettes, un cendrier, une petite cuillère.

85 — Réchaud avec son plat et son couvercle.

86 — Seau à gâteaux, deux dessous de carafe, réchaud à deux faces.

86 *bis* — Moutardier, un pot à lait, un allume-cigarettes.

86 *ter* — Dessus de table en glace, et un grand plateau.

FAÏENCES ET PORCELAINES

87 — Aiguière et son bassin en porcelaine de Saxe.

88 — Statuette, dame au manchon, en porcelaine de Saxe.

89 — Petit groupe en porcelaine de Saxe.

90 — Bonbonnière en porcelaine de Saxe.

91 — Bonbonnière en porcelaine de Vienne.

92 — Service tête à tête, composé de huit pièces, à fond jaune, décoré de personnages et de paysages dans des médaillons en porcelaine de Saxe.

93 — Bonbonnière.

94 — Vase Empire avec sujets : l'Amour garde les
Plaisirs et les Plaisirs de la Constance.

95 — Deux grands cache-pots et un petit à décor
de fleurs en bleu.

96 — Cache-pot décoré de fleurs en faïence.

97 — Assiette en porcelaine du Japon.

98 — Deux assiettes à décor de fleurs, en ancienne
porcelaine de Chine.

99 — Deux assiettes à décor de fleurs et de cartels
sur le marli, en ancienne porcelaine de Chine.

100 — Petit pot à décor de personnages, fond bleu,
en porcelaine de Saxe.

ÉTOFFES

101 — Bandeau d'étoffe rayée à fleurs, xviiiᵉ siècle.

102 — Bandeau et un dos de chasuble en soierie
rouge, lamée d'or, xviiᵉ siècle.

103 — Morceau d'étoffe avec motifs en velours noir
en relief, sur fond blanc.

104 — Trois châles des Indes et un rideau genre
oriental.

105 — Deux robes de la Chine à fond rouge, avec décor de fleurs.

106 — Morceau de soierie de la Chine, avec motifs : Papillons.

107 — Dos de chasuble à fond saumon xviiᵉ siècle.

108 — Chasuble xviiᵉ siècle.

109 — Chape à fond jaune, décorée de fleurs brodées et lamées d'argent, xviiᵉ siècle.

110 — Robe en soie moirée, cramoisie, xviiiᵉ siècle.

111 — Couvre lit à damiers.

FOURRURES

112 — Pelisse en drap grenat, doublée de pattes de zibeline, col de zibeline.

113 — Intérieur de jaquette en pattes de zibeline.

114 — Intérieur de manteau en chèvre du Thibet.

115 — Etole en petit gris, doublée d'hermine.

116 — Collet en satin gris, doublé d'hermine, col en dentelle de Chantilly.

117 — Cravate en hermine.

118 — Collet et un manchon en chinchilla.

119 — Trois peaux de zibeline.

120 — Mantelet en zibeline.

121 — Collet en zibeline.

122 — Etole cravate en zibeline.

123 — Cravate en zibeline, trois peaux.

124 — Collet en zibeline, quatre peaux.

OBJETS D'ART

125 — Brûle-parfums, en bronze.

126 — Bonbonnière en écaille blonde.

127 — Pendule Empire en bronze ciselé et doré.

128 — Glace Renaissance en bois sculpté et doré.

MEUBLES

FRAZIER-SOYE

GRAV.-IMP.

153-157, RUE MONTMARTRE

PARIS